BEI GRIN MACHT SICH IHR WISSEN BEZAHLT

- Wir veröffentlichen Ihre Hausarbeit, Bachelor- und Masterarbeit

- Ihr eigenes eBook und Buch - weltweit in allen wichtigen Shops

- Verdienen Sie an jedem Verkauf

Jetzt bei www.GRIN.com hochladen und kostenlos publizieren

Tamara Mödersheim

Keller's „Romeo und Julia auf dem Dorfe". Funktion und Darstellung der Institution Familie

GRIN Verlag

Bibliografische Information der Deutschen Nationalbibliothek:

Die Deutsche Bibliothek verzeichnet diese Publikation in der Deutschen National-
bibliografie; detaillierte bibliografische Daten sind im Internet über http://dnb.d-
nb.de/ abrufbar.

Impressum:

Copyright © 2013 GRIN Verlag GmbH
Druck und Bindung: Books on Demand GmbH, Norderstedt Germany
ISBN: 978-3-656-57245-9

Dieses Buch bei GRIN:

http://www.grin.com/de/e-book/266964/keller-s-romeo-und-julia-auf-dem-dorfe-
funktion-und-darstellung-der

Universität Mannheim

Seminar für Deutsche Philologie

Herbstsemester 2013

Hauptseminar: Die Kehrseite der Kernfamilie

Essay von: Tamara Mödersheim

Funktion und Darstellung der Institution Familie in Keller's „Romeo und Julia auf dem Dorfe"

Auf einem Feld bei einem Dorf nahe der Stadt Seldwyl verrichten zwei Bauern ihre tägliche Arbeit. Zwischen ihren Äckern befindet sich ein dritter, dessen Besitzer nicht geklärt ist. Im Laufe der Jahre pflügt jeder der beiden Bauern immer ein Stück weiter in den herrenlosen Acker, so dass irgendwann nur noch ein schmaler Streifen bleibt. Bei der Versteigerung dieses Streifens beginnt ein Streit, denn Marti beschuldigt Manz einen schrägen Streifen in seinen neu erworbenen Acker gepflügt zu haben. Obwohl die beiden über die Jahre gleichsam Unrecht begangen haben, indem Sie dem Erben, der höchstwahrscheinlich der schwarze Geiger ist, Teile von seinem Acker gestohlen haben, entfacht ein lächerlicher Streit darüber, welcher Bauer dem anderen Unrecht getan hat. Die Familien dürfen sich nicht mehr grüßen und die beiden Bauern stürzen sich in Schulden, nur um es dem jeweils heimzuzahlen. Bald hat keiner mehr sein Land und beide sind verarmt. Als die Kinder sich bei einem Streit der Väter sehen verlieben sie sich ineinander. Doch ihre Liebe steht unter keinem guten Stern. Marti erwischt die beiden bei einem Treffen und als Manz Sohn Sali seine geliebte Vreni verteidigen will, trifft er ihren Vater mit einem Stein so, dass dieser seinen Verstand verliert. Davon abgesehen haben beide kein Geld und keine Hoffnung auf eine gute Zukunft, denn wie könnten Sie gegen den Willen ihrer Väter heiraten? Nach einem Tag, den sie in Träumereien verbringen, wie es wäre wenn sie verheiratet wären und ihnen die Welt offen stünde, wählen sie den Freitod, da sie es nicht aushalten würden getrennt voneinander zu leben.

Familie von Manz und die Familie von Marti ähneln sich sehr. Beide Männer sind aus dem namenlosen Dorf nahe der Stadt Seldwyl und scheinbar unauffällige brave Bauern. Dass diese beiden nichts Besonderes an sich haben und auch jeder andere in deren Rolle stecken könnte, macht der Autor klar, indem er die Handlungen der Bauern als völlig synchron beschreibt „so schlug dem, welcher gegen den frischen Ostwind ging, die Zipfelkappe nach hinten über, während sie bei dem andern, der den Wind im Rücken hatte, sich nach vorne sträubte".[1] Die beiden stehen für den bodenständigen Bauern in der Gesellschaft, der in Seelenruhe, neben seinem Nachbarn her, seinen Acker pflügt. Gegen Mittag bringen die Kinder ihren Vätern das von der Mutter zubereitete Frühstück. Die Familie hält zusammen und jeder erfüllt seine Aufgabe. Es scheinen geregelte Familienverhältnisse zu herrschen. Die beiden Kinder spielen weitgehend freundschaftlich miteinander während die Väter arbeiten. Die einzige Auseinandersetzung haben sie wegen einer Puppe, deren Kopf schließlich mit einer lebendigen Fliege vergraben wird. Dies scheint eine Vorausdeutung auf das spätere Unheil zu sein, das die Familie noch erwartet.

Noch an diesem ersten Tag, der dem Leser so idyllisch erscheint, wird der Grundstein für die Zerstörung der Familien gelegt. Nachdem Marti und Manz sich darüber einig sind, dass der schwarze Geiger der rechtmäßige Erbe des Feldes ist, aber es trotzdem aus diversen Gründen nicht bekommen sollte „wir haben so genug zu tun, diesem Geiger das Heimatsrecht in unserer Gemeinde abzustreiten, da man uns den Fetzel fortwährend aufhalsen will"[2], pflügt jeder Bauer eine Furche in das mittlere Feld, womit das Unheil beginnt. Nachdem Manz das letzte Stück des mittleren Ackers ersteigert hat, streiten sich beide, wer dem anderen Unrecht getan hat. Die Familien müssen darunter leiden und dürfen sich nicht einmal mehr grüßen. Es geht so weit, dass Sali Martis Tochter Vreni gar nicht mehr ansieht. Die Nachbarn leben Jahre im Streit und richten dabei ihre Familien zugrunde. Sie verlieren ihr Geld an Menschen aus der Stadt Seldwyl, die sie zuvor einvernehmlich als „Lumpenhunde"[3] beschrieben haben. Doch nun werfen sie diesen Menschen ihr Geld in den Rachen, weil jeder hofft, dem anderen eins auswischen zu können. An ihre Familien denken die beiden hierbei scheinbar nicht. Es geht sogar so weit, dass Martis Frau stirbt, doch man erfährt nicht, ob er davon betrof-

[1] Vgl. Keller, Gottfried: Romeo und Julia auf dem Dorfe, Stuttgart 2002, S.4.
[2] Vgl. Keller, Gottfried: Romeo und Julia auf dem Dorfe, Stuttgart 2002, S.6.
[3] Vgl. Keller, Gottfried: Romeo und Julia auf dem Dorfe, Stuttgart 2002, S.5.

fen ist. Es ändert jedenfalls Nichts an seinem Verhalten, seine Tochter leidet immer mehr und muss in den ältesten Lumpen herumlaufen. Später hat sie nicht einmal mehr Schuhe, um mit Sali tanzen zu gehen „es wird doch nichts daraus […] ich habe keine Sonntagsschuhe mehr"[4] Sie kann ihre alltägliche nötige Arbeit im Haus nicht verrichten, weil sie ihrem Vater unnützer Weise einen Eimer beim Fischen hinterher tragen muss „Vrenchen durfte nicht von seiner Seite und musste ihm Eimer und Gerät nachtragen […] indessen sie das Notwendigste zu Hause liegen lassen musste"[5]Sali scheint es auf den ersten Blick mit seiner Familie besser zu ergehen, da seine Mutter ihm jeden Wunsch erfüllt, aber für sie zählt nur was die anderen Leute im Dorf denken, sie ist heuchlerisch und falsch und das merkt auch Sali „da ihm die Mutter zu viel schwätzte und log"[6]. Trotz Allem was passiert ist, werden die Väter niemals angezweifelt. Vreni pflegt ihren geisteskranken Vater liebevoll, bevor er in eine „Stiftung für dergleichen armen Tröpfe"[7] gebracht wird. Keiner von beiden zweifelt den eigenen Vater jemals an. Für Vrenchen ist es sogar undenkbar Sali zu heiraten, hat er doch ihren Vater zu einem Verrückten gemacht, obgleich er sie nur verteidigen wollte „und doch kann ich dich nie bekommen, auch wenn alles andere nicht wäre, bloß weil du meinen Vater geschlagen und um den Verstand gebracht hast"[8]. Es scheint, dass es hier nicht um die Gefühle von Vreni geht, sondern um ihr Pflichtgefühl, denn sie liebt und küsst Sali, doch heiraten will sie ihn nicht. Die Väter treten als aktive Gegner der Liebe in den Hintergrund, vielmehr hindert die beiden ihr Ehrgefühl und die Verpflichtung gegenüber der Familie daran zu heiraten. Die einzige Konfrontation ist die auf dem Feld, bei dem Sali Marti mit einem Stein bewirft. Es scheint, dass für die beiden eine Hochzeit ohne den Segen der Väter unmöglich ist. Und da sie wissen, dass sie diesen niemals bekommen werden, wagen sie auch keinen Versuch.

Von der Liebe oder dem Pflichtgefühl der Väter spürt man allerdings, wie oben schon erwähnt, weniger. Sie scheinen in ihren Streit vernarrt zu sein und die Verantwortung ihrer Familie gegenüber völlig zu vergessen. Man erfährt auch bei keinem von beiden von einer Einsicht oder dergleichen. Spätestens als Manz mit seiner Familie in ein ärmliches Wirtshaus in der Stadt ziehen muss, hätte er zu der Einsicht gelangen müssen,

---

[4] Keller, Gottfried: Romeo und Julia auf dem Dorfe, Stuttgart 2002, S.48.
[5] Keller, Gottfried: Romeo und Julia auf dem Dorfe, Stuttgart 2002, S.27.
[6] Keller, Gottfried: Romeo und Julia auf dem Dorfe, Stuttgart 2002, S.20.
[7] Keller, Gottfried: Romeo und Julia auf dem Dorfe, Stuttgart 2002, S.45.
[8] Keller, Gottfried: Romeo und Julia auf dem Dorfe, Stuttgart 2002, S.47.

dass er seine Familie zu Grunde gerichtet hat. Doch von beiden hört man weder ein entschuldigendes Wort, noch kann man irgendein Reuegefühl ausmachen. Die Schuld wird einfach komplett auf den jeweils anderen Bauern übertragen, keiner von beiden fühlt sich in irgendeiner Weise schuldig für die Verwahrlosung der eigenen Familie. Die Mütter spielen in der Familienkonstellation nur eine beschränkte Rolle. Salis Mutter wird sehr negativ dargestellt und von Vrenis Mutter erfahren wir nur, dass sie stirbt. Die Kernfamilie beschränkt sich in dieser Novelle weitgehend auf die Vater-Kind Beziehungen. Die Familienmitglieder halten zusammen und die Kinder haben für ihre Väter da zu sein, egal wie diese die Familie zu Grunde gerichtet haben. Jeder weiß über die Dummheit und den Starrsinn der Väter Bescheid, aber sie werden nicht in Frage gestellt. Es wird stumm ertragen, was die Väter der Familie antun. Die Familie steht und fällt zusammen. Beziehungen gibt es nur zwischen Familien, entweder zwei Familien hassen sich oder kommen miteinander aus, die einzelnen Mitglieder der Familie werden nicht gefragt. Vreni und Sali teilen, wenn auch auf eine andere Art, das Schicksal von Romeo und Julia und sind eingepfercht zwischen Familie und großer Liebe, zwischen Leidenschaft und Ehrgefühl.

Wo sich in Shakespeeres Vorlage zwei mächtige Familien bekriegen, geht es bei Keller nur um den Streit zweier Bauern, die sich gleichen wie ein Ei dem anderen. Es hätte die Kinder jeder Familie treffen können. Die Auswechselbarkeit der Bauern zeigt, dass Kinder immer darunter leiden werden, wenn ihre „Familienoberhäupter" falsche Entscheidungen treffen. Ganz nach dem Motto „Blut ist dicker als Wasser" wird von den Nachkommen verlangt, die Werte der Familie zu schätzen und die Feinde zu missachten. Der Apfel fällt schließlich nicht weit vom Stamm. Was sich im 19.Jahrhundert zwischen verfeindeten Familien oder Dörfern abspielt, findet man heute zwar weniger in Dörfern, aber leider nicht selten bei Streit zwischen verschiedenen oft benachbarten Nationen. Das Modell von Romeo und Julia hält sich bis heute, auch wenn die Jugendlichen mehr Mittel haben aus den Zwängen ihrer Familien zu fliehen, denn Romeo oder Julia kann jeder sein.